eccì, ecciù, etciù
Italienisch

hatsjie
Niederländisch

apsoú
Griechisch

atchim
Portugiesisch

atchoum
Französisch

hapșu
Türkisch

atju
Dänisch

attji, attjo
Schwedisch

āti
Chinesisch

aptshi
Russisch

choo
Arabisch

Österreichischer Kinder- und Jugendbuchpreis | Preisbuch, 2016
Bestes Wissenschaftsbuch des Jahres, Kategorie Junior | Shortlist, 2015/16
Die 100 Besten – Neue Kinder- und Jugendbücher | 2015

Heidi Trpak wurde 1973 in Wien geboren. Sie ist Kindergartenpädagogin, Motopädagogin und -geragogin, Kindergesundheitstrainerin und in der Weiterbildung für musikalische Frühförderung tätig. Ihr Erstlingswerk „Gerda Gelse. Allgemeine Weisheiten über Stechmücken" (Tyrolia, 2013) wurde mit dem Deutschen Jugendliteraturpreis in der Sparte Sachbuch ausgezeichnet.

Leonora Leitl wurde 1974 geboren und absolvierte die Meisterklasse für Grafik- und Kommunikationsdesign in Linz. Sie arbeitet als Grafikerin und Illustratorin und beschäftigt sich seit vielen Jahren intensiv mit Kinderbuchillustration, wofür sie bereits mehrfach ausgezeichnet wurde.

4. Auflage 2020
© 2015 Verlagsanstalt Tyrolia, Innsbruck
Umschlagbild: Leonora Leitl, Gramastetten
Layout: Nele Steinborn, Wien
Schrift: Frutiger Serif LT Pro, Trade Gothic
Druck und Bindung: L.E.G.O., Vicenza

ISBN 978-3-7022-3486-7
E-Mail: buchverlag@tyrolia.at
Internet: www.tyrolia-verlag.at
Facebook: Tyrolia Verlag Kinderbuch

FSC MIX Papier aus verantwortungsvollen Quellen FSC® C023419

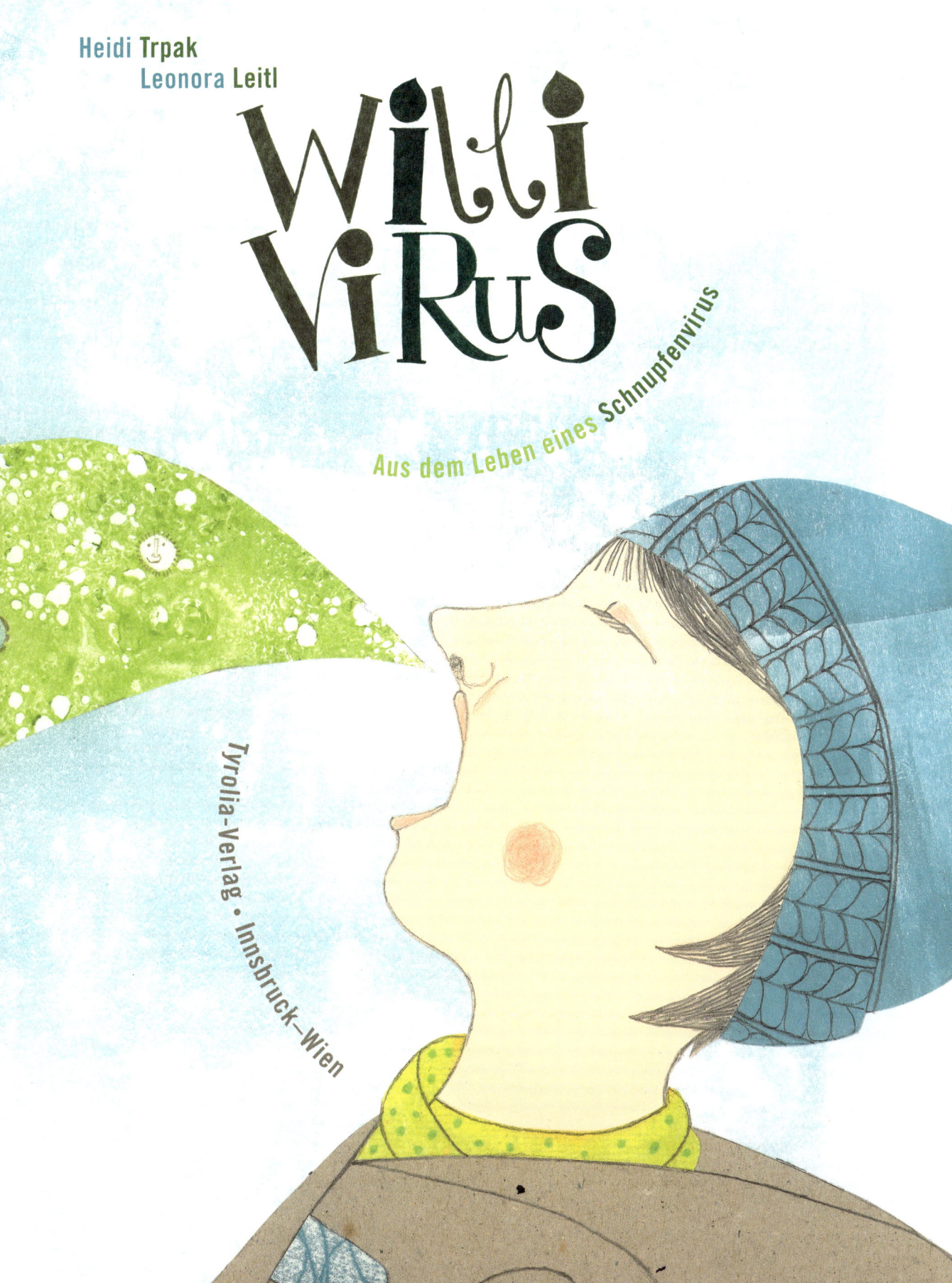

Heidi Trpak
Leonora Leitl

Willi Virus

Aus dem Leben eines Schnupfenvirus

Tyrolia-Verlag • Innsbruck–Wien

Hallo, ich bin Willi Virus!

Ihr kennt mich, ich habe euch schon öfter besucht. Dabei bringe ich immer ein schönes Geschenk mit: einen prächtigen Schnupfen.

Ich bin nämlich ein Rhinovirus – nein, kein Rhinozeros, sondern ein Schnupfenvirus.

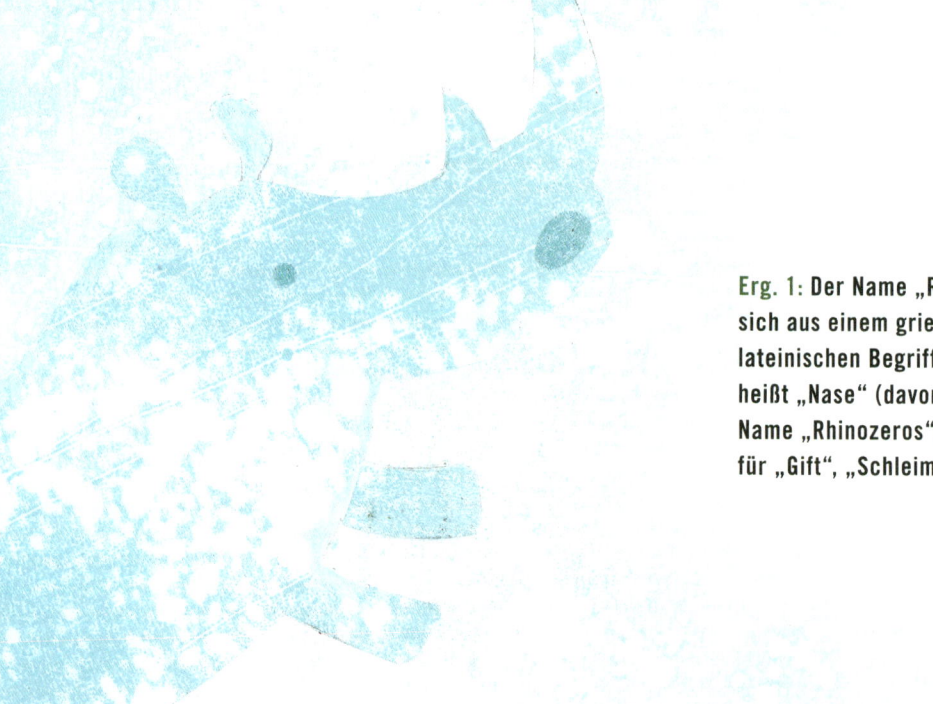

Erg. 1: Der Name „Rhinovirus" setzt sich aus einem griechischen und einem lateinischen Begriff zusammen. „Rhis" heißt „Nase" (davon kommt auch der Name „Rhinozeros") und „virus" steht für „Gift", „Schleim" oder „Speichel".

Ich bin unglaublich klein. Kleiner als klein. Mini winzig klein. So klein, dass auf diesem Punkt 5000 Verwandte von mir Platz haben.

5000
Verwandte
von mir

Gut, dass ihr Menschen extra das
Elektronenmikroskop erfunden habt,
damit ihr uns betrachten könnt.
Wir sind ja auch wirklich faszinierend.

Erg. 2: Rhinoviren (hier durch das
Elektronenmikroskop betrachtet)
gehören zur Familie der Picornaviren.
Das sind die kleinsten bekannten
Viren, denn sie messen nur wenige
Nanometer. Ein Nanometer ist ein
millionstel Millimeter.

Varizella-Zoster-Virus (Windpocken)

Masern-Virus (Masern)

SARS-CoV-2 (Covid-19)

Es gibt Tausende verschiedene Viren und jede Art hat ihre eigenen Formen.

Schade, dass ihr gegen so viele Krankheiten geimpft seid, so kann euch meine große Verwandtschaft gar nicht besuchen kommen.

Rhinovirus (Schnupfen)

Rotavirus (Durchfall)

150 km/h

Wir Viren sind angeblich gar keine richtigen Lebewesen. Denn damit wir überleben und uns vermehren können, brauchen wir „richtige" Lebewesen. Von denen lassen wir uns fein bewirten, daher nennen wir sie auch unsere Wirte. Am liebsten kommen wir zu euch Menschen.

Blattlaus

Erg. 4: Da Pflanzen nicht husten oder niesen können, benutzen Pflanzenviren Insekten wie z. B. Blattläuse, um von einer Pflanze zur anderen zu gelangen.

Ich reise übrigens sehr gerne. Wenn ihr sprecht oder hustet, fliege ich bequem mehrere Meter von einem Menschen zum anderen. Und wenn ihr niest, geht es besonders schnell – da sause ich wie ein Orkan mit bis zu 150 Stundenkilometern durch die Luft.

Ich schummle mich aber auch gern von Hand zu Hand weiter. Hier ein paar Tipps, wie ich schneller zu euch komme:

- In die Hand niesen und dann gleich die Hand eines anderen schütteln.
- Mit der Hand den Rotz abwischen, dann den Türgriff anfassen und den nächsten bitten, die Tür zuzumachen.
- Den Lichtschalter drücken und gleich danach in der Nase bohren.

So schlüpfe ich ganz rasch in euch hinein.

Erg. 5: Die Inkubationszeit ist jene Zeit, die es braucht, bis nach einer Ansteckung die ersten Anzeichen einer Krankheit bemerkbar sind. Sie dauert beim Schnupfen nur 12 Stunden.

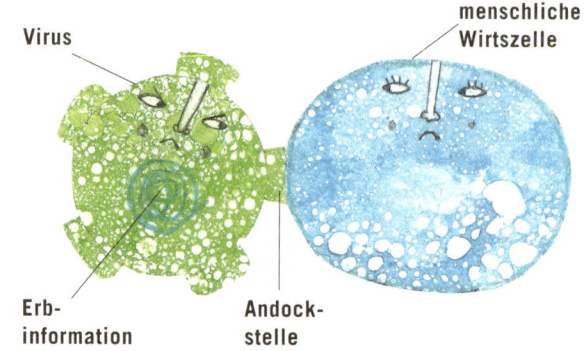

Virus — menschliche Wirtszelle — Erbinformation — Andockstelle

Bin ich einmal in euch drinnen, suche ich mir in eurer Nasenschleimhaut eine schöne Zelle und docke an. Sie ist nun meine Wirtszelle.

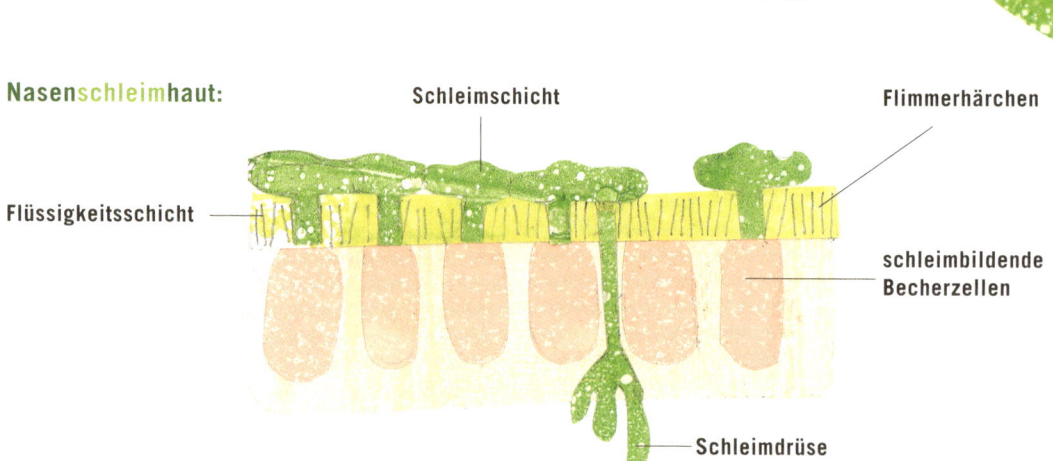

Nasenschleimhaut: Schleimschicht — Flimmerhärchen — Flüssigkeitsschicht — schleimbildende Becherzellen — Schleimdrüse

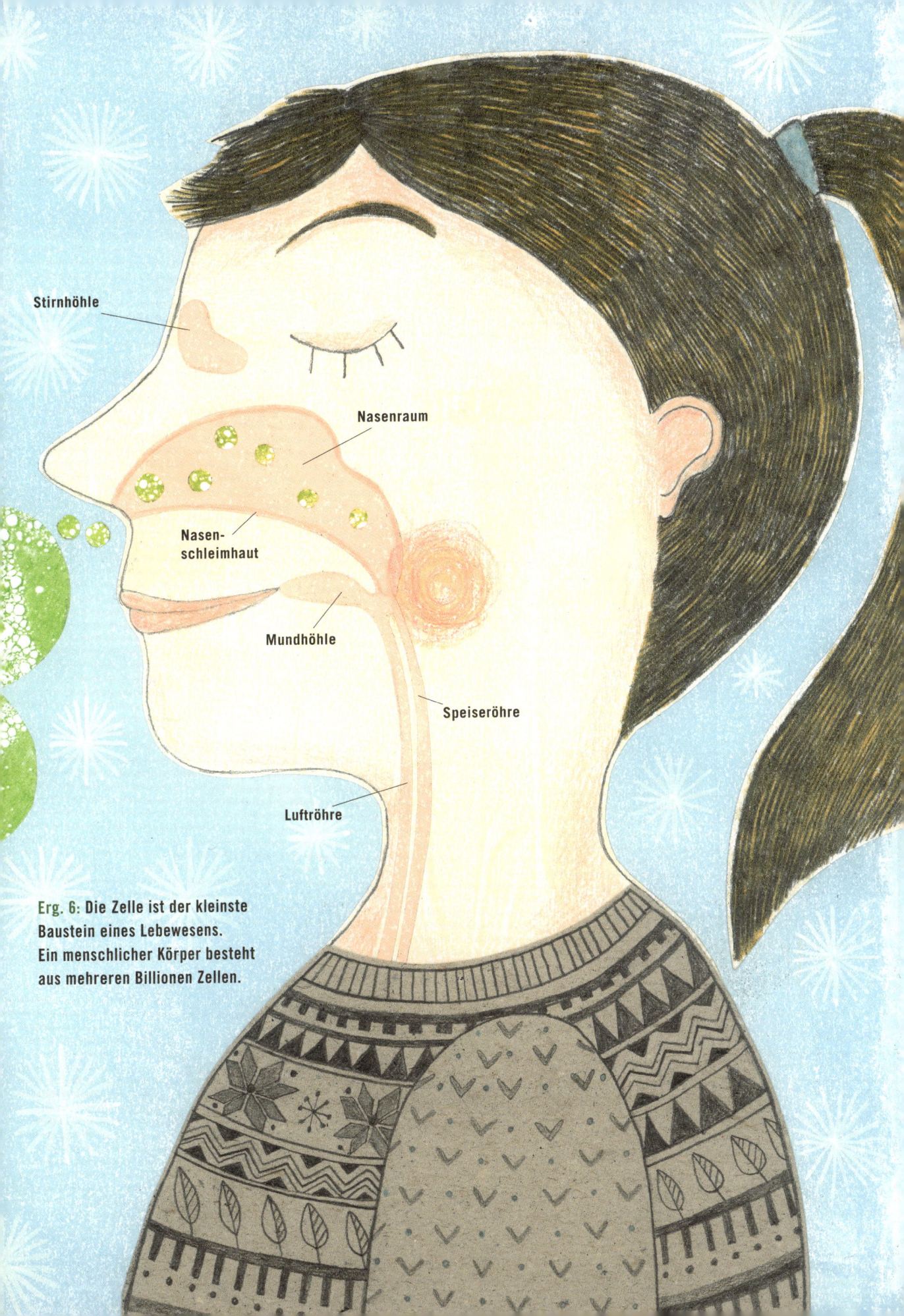

Erg. 6: Die Zelle ist der kleinste Baustein eines Lebewesens. Ein menschlicher Körper besteht aus mehreren Billionen Zellen.

Erg. 7.1: Ein Virus kann sich übrigens nicht irgendeine Zelle aussuchen, die beiden müssen schon zusammenpassen – wie wenn der Virus einen Schlüssel hätte, der in das Schloss der Zelle passen muss.

Dann schleuse ich mein Erbgut in diese Wirtszelle ein und zwinge sie damit, viele neue Schnupfenviren herzustellen, wie ein Kopiergerät. Und schon bald gibt es ganz viele neue Willis. Das macht richtig Spaß!

Erg. 7.2: Bestimmten Virenarten gelingt es, dass ihre Wirtszellen sogar bis zu 100 000 neue Viren erzeugen.

Und es würde lange so weitergehen,
doch leider gefällt euch das nicht
so besonders.

Ihr seid dann wirklich sehr unhöflich zu uns. Denn kaum dass ich es mir mit meinen Kindern so richtig gemütlich gemacht habe, wollt ihr uns schon wieder loswerden. Dann schickt euer Körper eine Armee von Abwehrzellen los, die uns überall finden, egal wie gut wir uns verstecken. Haben sie uns entdeckt, holen sie die Fresszellen als Verstärkung und dann geht es uns richtig an den Kragen. Die fressen uns nämlich kurzerhand auf.

Erg. 8: Der Körper besitzt auch sogenannte Gedächtniszellen. Sie „merken" sich, welche Art von Virus gerade im Körper ist, und können so bei einem neuerlichen Angriff schneller reagieren. Viren können sich aber rasch verändern und damit den Körper immer wieder überlisten.

Erg. 9.1: Im Schnitt braucht jeder Mensch 150 Taschentücher pro Jahr.

Manche von uns werft ihr auch einfach raus, und zwar wenn ihr euch schnäuzt. Tut mir also bitte den Gefallen und putzt euch nicht ständig die Nase. Dann kann ich länger bei euch bleiben.

Auch Inhalieren gefällt mir nicht. Da wird es immer so heiß, wie in einer Sauna. Und schwitzen mag ich gar nicht, da gehe ich lieber und suche mir einen anderen Wirt.

Erg. 9.2: Bei einem Schnupfen produziert der Körper mehr Flüssigkeit, um die Viren loszuwerden. Dadurch schwillt aber die Nasenschleimhaut an. So folgt bei einem Schnupfen auf eine rinnende Nase meist eine verstopfte Nase.

Erg. 10.1: Der Schnupfen zählt weltweit zu den häufigsten Infektionskrankheiten. Der Begriff „Infektion" bedeutet „anstecken" bzw. „hineintun". Infektionskrankheiten werden also durch einen eindringenden Erreger ausgelöst.

Wir sind

Uns Rhinoviren gi

überALL

auf der ganzen Welt.

Erg. 10.2: Obwohl der Schnupfen so weit verbreitet ist, gibt es bis heute noch keine Impfung dagegen. Grund dafür ist, dass es einfach zu viele verschiedene Schnupfenviren gibt, die sich zusätzlich auch noch rasch verändern.

Wir Rhinoviren

haben euch

übrigens alle gleich gern,

egal ob **Frau**  oder Mann,   ob klein   oder groß, ob berühmt oder unbekannt.

Am liebsten besuchen wir euch im Herbst und im Winter. Da trocknet die kühle Luft eure Schleimhäute aus und dann kann uns euer Körper nicht so rasch abwehren.

Wir begegnen uns also bestimmt wieder.

Ich freu mich schon!

Bis bald, euer Willi

Prosit!
Schwedisch

Na zdravlje!
Bosnisch

¡Salud!, ¡Jesús!
Spanisch

Nazdravlje!
Kroatisch

Egészségedre!
Ungarisch

Terveydeksi!
Finnisch

Salute!
Italienisch

Na zdrowie!
Polnisch

Bless you!, God bless you!
Englisch

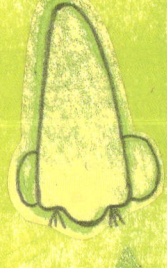

Sanon!
Esperanto

Noroc!
Rumänisch

Zdravíčko!
Tschechisch

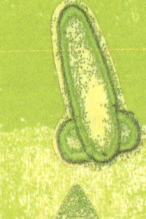